ADRESSES

PRÉSENTÉES

A LA CONVENTION NATIONALE.

ADRESSES

PRÉSENTÉES

A LA CONVENTION NATIONALE.

———

PARIS,

GERMINAL AN III.

1795.

ADRESSE

PRÉSENTÉE

A LA CONVENTION NATIONALE,

AU NOM DE LA SECTION DES TUILERIES,

Le 10 Germinal, troisième année de la République française,

Imprimée, affichée et envoyée aux départemens et aux armées de la République par ordre de la Convention nationale.

———

Représentans du peuple,

Il n'est plus tems de se bercer d'illusions ; le salut du peuple l'emporte ; il faut que la vérité terrible tonne dans cette enceinte.

Le sang de quatre cent mille Français crie vengeance, et ne peut l'obtenir ! on ose douter si une tyrannie affreuse a pesé sur la patrie ! les complices du crime se sont déclarés ses défenseurs ! Le peuple, incertain sur son sort, vous regarde et s'étonne ; il se demande par quelle fatalité ses bourreaux trouvent un asile au milieu de ses représentans, et si l'intérêt de quelques assassins doit balancer celui de la patrie : sa confiance chancèle ; il vient vous confier ses alarmes : les momens sont précieux ; il faut sauver la liberté.

Représentans, la convocation d'une nouvelle assemblée présentait de grandes difficultés, et préparait de grands malheurs. Cette mesure irréfléchie, adoptée par l'enthousiasme, ramenait en peu de tems parmi nous les fléaux réunis de la terreur et de la royauté. Nous avons tous pensé qu'en saisissant cette idée vous n'aviez voulu que répondre aux calomnies multipliées dont les ennemis du peuple

vous accablent, en vous accusant de vou-
loir éterniser vos pouvoirs ; nous avons
pensé que, irréprochable et pure, la grande
majorité de cette assemblée n'avait jamais
voulu, comme on avait osé le publier,
échapper à une juste responsabilité ; nous
avons pensé que les coupables seuls
devaient la craindre, et que c'était une
puissante raison pour vous de la desirer.
Toutes ces réflexions nous ont frappés,
Représentans. Eh ! comment oseront-ils
reparaître dans leurs départemens ces
hommes souillés de sang et de crimes ?
qu'iront-ils y chercher ? N'en doutons pas,
le prix de leurs forfaits. Féroces artisans
de nos malheurs, où trouveront-ils une
terre hospitalière ? La vengeance du peuple long-tems trompé ne marchera-t-elle
pas sur leurs traces ? Ce peuple se rappelle déjà que quelques missionnaires de
sang, répandus sur les divers points de

la République, y ont porté la dévastation et la mort; le peuple se rappelle les Lebon, les Maignet, les Carrier, ces tigres qui, au nom de la Liberté sainte, égorgeaient froidement des milliers de Français, et ravissaient à la République naissante son industrie et ses ressources. Nous pourrions ajouter d'autres noms, mais nous ne voulons rien préjuger : nous ne rouvrirons pas la source de vos larmes en remettant sous vos yeux l'épouvantable tableau de leurs forfaits ; il est nouveau dans les annales du crime. Le cri de la vengeance retentit d'un point de la République à l'autre, et cependant ces assassins souillent encore le jour qui nous éclaire ! quelques-uns siègent au milieu de vous ! la terre les repousse, et le temple de la Liberté les recèle ! Générations futures, que direz-vous de nous ?

Représentans, ne balancez plus ; soyez

à la hauteur de vos devoirs ; accusez les
assassins du peuple , de peur que le peuple lui-même ne vous accuse tout entier :
leur système atroce nous a conduits dans
l'abyme , et ils se réjouissent de nos malheurs ! Nous en jurons par la Liberté , par
vous-mêmes , leur triomphe ne sera pas de
longue durée. Convoquez dans le plus
bref délai les assemblées primaires ;
qu'une proclamation de ses représentans
instruise le peuple ; que , jaloux de sa confiance , ils provoquent eux-mêmes l'examen
le plus sévère de leur conduite ; que le
peuple soit appelé à confirmer les choix des
membres qui n'auront cessé de mériter sa
confiance et son amour , et à bannir de
l'assemblée de ses représentans les hommes
qui auraient ensanglanté la patrie , se seraient déclarés leurs panégyristes ou leurs
complices , ou que l'ignorance aurait asso-
ciés à leurs forfaits ; qu'à cet instant même

ces traîtres publics soient livrés aux tribu-
naux, qu'ils y soient jugés dans toute la sévérité des lois, et s'ils sont reconnus coupables, qu'ils soient à jamais bannis du sol
de la Liberté, long-tems déshonoré par
leur présence.

Tel est, Représentans, l'unique et der-
nier moyen de sauver la Liberté : que la
vertu soit appelée parmi vous à remplacer
le crime, alors seulement les efforts des
Républicains ne seront pas inutiles ; la confiance s'affermira, les orages révolution-
naires cesseront, et le vaisseau de la République entrera paisiblement dans le
port.

Pour nous, fidèles à nos sermens, nous
marcherons toujours avec vous; nous sauve-
rons la patrie malgré nos ennemis communs;
nous déjouerons sans cesse les intrigues cri-
minelles de l'Angleterre, et de ces princes,
indignes rejetons du grand Henri , qui

depuis 5 années mendient le secours de l'Europe contre une patrie qu'ils ont abandonnée. Aujourd'hui le peuple attend de vous un grand acte de justice. Bientôt le même cri retentira dans toute la France: elle vous confia sa liberté, elle vous demande vengeance des traîtres qui l'ont assassinée. Puisse ce grand exemple apprendre aux conspirateurs de tous les siècles que le triomphe du crime ressemble à la foudre! il frappe et passe comme elle.

ADRESSE

PRÉSENTÉE

A LA CONVENTION NATIONALE,

AU NOM DE LA SECTION DES TUILERIES,

le 30 Germinal, an 3 de la République française,

Imprimée par ordre de la Convention nationale.

REPRÉSENTANS DU PEUPLE,

Nous jurions à votre barre un attachement inviolable à la Convention nationale quand on conspirait contre elle ; nous marquions les traîtres du sceau de la réprobation lorsqu'ils comptaient sur un succès facile : en nous dévouant à la mort ils nous préparaient un triomphe.

nous périssions avec la Liberté : car nous n'étions plus destinés à être les témoins, mais les premières victimes de leurs nouveaux forfaits.

Ces jours de deuil et d'opprobre sont passés où une minorité criminelle insultait à vos décrets, et comprimait l'énergie des bons citoyens ! Elle vous menaçait encore en expirant ; et l'on ne sait si l'on doit compter votre liberté du 9 thermidor ou du 12 germinal.

Aujourd'hui, Représentans, nous ne craignons plus que le vœu du peuple soit étouffé par les conspirateurs : le peuple n'est point Paris seul, le peuple c'est toute la République. L'intérêt général plane au-dessus des considérations particulières ; il est tems que nous abordions avec vous ces questions, les plus importantes sans doute qui aient encore été agitées dans cette enceinte : LA CONSTITUTION DE 1793

A-T-ELLE ÉTÉ LIBREMENT ACCEPTÉE PAR LE PEUPLE ? DOIT-ELLE LE RENDRE HEUREUX ? A ces deux questions nous répondrons affirmativement : Non. Si la mauvaise foi voulait des exemples, nous en présenterions mille, et nous n'irions pas les chercher bien loin.

Représentans, reportez-vous un moment avec nous à ces tems désastreux dont nous ne serons jamais séparés par assez de siècles, où la guerre civile éclatait de toutes parts, où soixante-neuf départemens s'armaient pour venger l'attentat commis le 31 mai sur la représentation nationale. Parcourons rapidement ces déplorables époques où plus de quarante de vos collègues expièrent sur les échafauds le crime d'avoir été Républicains.... Etiez-vous libres alors ? Par quels étranges sophismes prétendrait-on le prouver ? Partout vous auriez vu des citoyens frappés, chassés des assemblées générales de leurs sections, pour s'être

permis quelques observations sur l'ouvrage
présenté à ce qu'on appelait alors l'acceptation du peuple. Parcourez les annales de
la tyrannie : vous y verrez à toutes les pa-
ges des citoyens jetés pendant des années
entières dans les cachots pour n'avoir pas
accepté LIBREMENT la constitution. Combien de fois les échafauds n'ont-ils pas été
rougis du sang d'hommes dont tout le
crime était de n'avoir pas approuvé en si-
lence, et d'avoir osé penser autrement que
les tyrans! Si les vrais amis de la Liberté
ne protestaient pas avec énergie contre
une acceptation arrachée par la violence,
ils seraient tous un jour complices des maux
qu'attirerait sur la patrie leur coupable faiblesse. Et qu'on ne dise pas que telle ou
telle section du peuple ait été seule tyran-
nisée ; la République toute entière démen-
tirait cette assertion : partout les mêmes
violences ont été commises, partout la

même tyrannie a pesé sur les assemblées primaires. Il faut le dire, eh ! comment le dissimuler ? la tyrannie n'a cessé de peser sur vous-mêmes que le 12 germinal. En effet, Représentans, les factieux que vous avez bannis de votre sein n'avaient-ils pas eu l'art de travestir en crime toute opinion franchement et loyalement énoncée sur la constitution ? N'appelaient-ils pas royaliste tout homme qui demandait une constitution républicaine ? Combien de fois cette tactique criminelle n'a-t-elle pas comprimé l'homme vertueux, mais timide ! Eh ! quel était le but de vos ennemis ? Vous ne l'ignorez plus ; c'était de ramener par la terreur l'anarchie et le despotisme. Quel est le vôtre ? Le bonheur du peuple : vous n'en connûtes jamais d'autre ; et pour vous en éloigner, vos tyrans et les nôtres élevèrent des échafauds, et les rougirent de votre sang : leurs successeurs suivaient le même systême.

Déjà votre sagesse a éloigné de nous ces tems de discordes et de divisions : au moment d'une réunion sainte et desirée, loin d'évoquer les haines, nous les calmerons toutes. Quelles qu'aient été les opinions politiques , nous ouvrirons toujours des bras fraternels à l'homme qui, avec des vues différentes, n'aura cessé de porter la patrie dans son cœur ; nous les fermerons à jamais à celui qui a armé ses mains sacrilèges contre elle, ou qui les auraient trempées dans le sang de ses enfans. Jamais nous n'accorderons au crime un pardon que nous ne réservons qu'à l'erreur. Nos ennemis, nos implacables ennemis , sont ceux qui aujourd'hui même nourrissent l'affreux espoir de rétablir les échafauds de la terreur ou de la royauté ; qui nous présentent l'horrible perspective d'une révolution nouvelle; qui veulent déchirer nos plaies, au lieu de les cicatriser; qui sèment partout les défiances , aigrissent les esprits, et présentent au peuple comme un moyen de salut un changement qui amènerait infailliblement sa ruine. Voilà les hommes sur lesquels nous appelons votre inflexible sévérité; voilà les hommes auxquels nous jurons une guerre éternelle; voilà les hommes avec lesquels nous ne composerons jamais , et auxquels vous ne devez pas laisser un seul moment l'espoir de l'impunité. Les débris de toutes les factions écrasées s'agitent : elles se liguent contre vous ; mais elles n'ont pas calculé et leur faiblesse et notre force. Elles ont oublié que vous êtes ici par la volonté souveraine de vingt-cinq millions d'hommes , et que le tems n'est plus où quelques séditieux venaient , au

nom du peuple, dicter des lois à sa représentation.

Législateurs, la section des Tuileries,
pénétrée de la grandeur et de l'importance
de l'ouvrage qui vous occupe, vous rappelle que, ne pouvant être que le résultat
de longues méditations, le moment n'est
pas encore prochain où la constitution
pourra vous être présentée par votre com-
mission. Elle conjure l'assemblée de ne
pas perdre un instant pour donner au
gouvernement actuel un ressort, une énergie qui compriment la malveillance, dimi-
nuent le nombre effrayant des agens inutiles, éclairent l'opinion qu'on égare, et
préparent le peuple au bienfait d'une
constitution républicaine. Cet instant long-
tems desiré sera le terme de toutes les
craintes : déjà vous sentez la nécessité pres-
sante de centraliser momentanément l'au-
torité, en fixant d'une manière précise les

limites de tous les pouvoirs, en déléguant les fonctions exécutives à des hommes pris hors de votre sein, investis de votre confiance et de celle du peuple. C'est sans doute à la dissémination actuelle des pouvoirs que nous devons le relâchement qu'éprouve l'action du gouvernement. Nous appelons votre sollicitude sur cette partie véritablement importante, car c'est sur ce relâchement que les ennemis de la liberté fondent leurs principales espérances ; mais nous ne redouterons jamais leurs efforts tant que votre courage égalera la confiance du peuple dans ses Représentans.